МОДЕЛЬ ЦІНОУТВОРЕННЯ НА КАПІТАЛЬНІ АКТИВИ

МОДЕЛЬ ЦІНОУТВОРЕННЯ НА КАПІТАЛЬНІ АКТИВИ

КЛЮЧОВА ІНФОРМАЦІЯ

- **Імена:** Модель ціноутворення на капітальні активи, CAPM.

- **Використання:** CAPM — це математичний метод оцінки прибутковості будь-якого фінансового активу. Прогноз дохідності розраховується відповідно до ризику, який несе в собі актив.

- **Чому він є успішним?** CAPM є одним з найпопулярніших методів оцінки ризику для фінансових активів. Однак його ефективність піддавалася критиці з боку таких економістів, як Річард Ролл (американський економіст, народився в 1939 році).

- **Ключові слова:**

  - Ринок капіталу: Місце зустрічі між попитом та пропозицією на капітал. Пропозиція відповідає заощадженням (надлишку наявного капіталу), які надаються тим, хто бажає позичити. Ті, хто позичає, складають попит (потребу у фінансуванні). Баланс на цьому ринку має вирішальне значення.

  - Фінансовий актив: Актив — це цінний папір або контракт, який дає власнику можливість отримати прибуток у відповідь на певний ризик. Наприклад: Я купую акції (фінансовий актив), в надії, що з часом їх вартість

МОДЕЛЬ ЦІНОУТВОРЕННЯ НА КАПІТАЛЬНІ АКТИВИ

Модель ціноутворення на капітал

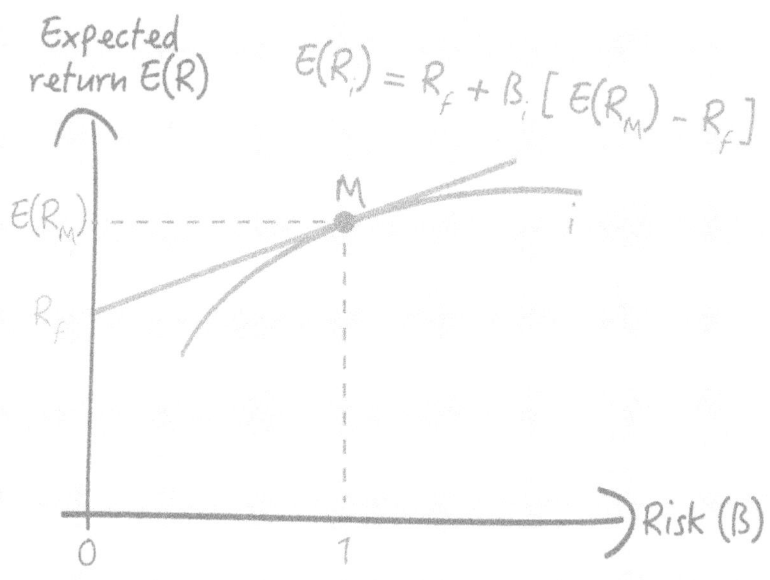

МОДЕЛЬ ЦІНОУТВОРЕННЯ НА КАПІТАЛЬНІ АКТИВИ

Модель ціноутворення на капітал

написаний Ariane de Saeger
перекладено Yaroslav Melnik

зросте і я зможу їх продати, щоб отримати прибуток. Однак, якщо вартість акцій знизиться, я отримаю збиток від своєї покупки.

- ○ Процентна ставка: Відсоткова ставка відображає вартість грошей. Тому вона дозволяє розрахувати витрати, пов'язані з запозиченням або інвестуванням грошей. Відсоткову ставку також можна визначити як винагороду, отриману у випадку інвестицій.

- ○ Портфель: Усі цінні папери (зокрема, акції та облігації), що перебувають у власності особи, компанії, банку тощо.

- ○ Прибутковість: Прибутковість інвестованої суми. Якщо я вкладаю свої гроші з відсотковою ставкою 7%, а мій друг вкладає таку ж суму з відсотковою ставкою 4%, я можу сказати, що моя прибутковість на вкладений капітал краща, ніж у нього.

- ○ Фондова біржа: Державна або приватна установа, яка дозволяє здійснювати обмін активами та операції з цінними паперами (наприклад, акціями). Іншими словами, це ринок фінансування та інвестицій, де ціна встановлюється відповідно до попиту та пропозиції.

ВСТУП

У 1950-х роках фінансові ринки розвинулися і стали ідеальним посередником для збалансування можливостей та потреб у фінансуванні різних економічних агентів. Їх метою було забезпечення фінансування економіки за допомогою різних засобів (заощадження, купівля цінних паперів, придбання активів тощо). При інвестуванні фінансового активу беруть участь дві тісно пов'язані між собою змінні: дохідність та ризик.

Для того, щоб краще визначити ці дві змінні, були проведені дослідження різними економістами:

- Френк Найт (американський економіст, 1885-1972) дав визначення поняттям "невизначеність" та "ризик" у 1921 році.

- Робота Гаррі Марковіца (американський економіст, народився в 1927 році) поклала початок сучасній теорії диверсифікації в 1950 році, відомій як сучасна теорія портфеля з 1952 року. Ця теорія висуває фінансову рефлексію щодо використання диверсифікації для оптимізації портфеля. Це найбільш подібна версія до сучасного CAPM.

- Нарешті, в 1960-х і на початку 1970-х років американські економісти Вільям Шарп (народився в 1934 році), Джон Лінтнер (1916-1983) і Фішер Блек (1938-1995), а також норвезький економіст Ян Моссін (1936-1987) розробили більш ранні фінансові моделі, що дали початок CAPM.

👁 ВИЗНАЧЕННЯ МОДЕЛІ

CAPM використовується як на фінансових ринках, так і для вирішення фінансових проблем у бізнесі. Модель розрахунку базується на вимірюванні систематичного ризику, очікуваної дохідності та процентних ставок. Іншими словами, CAPM дозволяє оцінити дохідність активу відносно його ризику.

ТЕОРІЯ

В даному розділі надається інформація про метод оцінки фінансових активів з суто теоретичної точки зору для того, щоб можна було зрозуміти всі нюанси CAPM.

КОНТЕКСТ

Ця модель була розроблена в той час, коли всі фінансові ринки вдосконалювалися і ставали стандартизованими. Вона була створена тому, що інвестори хотіли бути більш обізнаними про ризики фінансових інвестицій.

Внесок Марковіца

CAPM розширює сучасну портфельну теорію Марковіца як у своїх припущеннях, так і у своїх висновках. Марковіц підкреслював переваги диверсифікації портфеля для інвесторів, які хочуть отримати найкраще співвідношення між ризиком та дохідністю.

Марковіц включає в свою модель п'ять припущень:

1. фінансові ринки є ефективними, що означає, що ціна та дохідність фінансових активів завжди точно відображають всю наявну інформацію про ці активи;

2. інвестори не схильні до ризику і тому не беруть на себе додаткових ризиків без гарантії отримання додаткового прибутку;

3. ринки збалансовані;

4. на збалансованих ринках немає можливості для арбітражу, оскільки пропозиція активів буде повністю відповідати попиту на ці активи і ціна буде природно збалансованою;

5. і, нарешті, інвестор робить раціональний вибір.

 ## ВИЗНАЧЕННЯ

Можливість арбітражу: Можливість для інвестора змінити свій портфель активів відповідно до своїх очікувань. Зокрема, це операція (купівля або продаж), яка є зворотною для двох різних ринків, двох продуктів або двох термінів. Ця можливість передбачає використання переваг торгових аномалій.

Кореляція активів: Взаємозв'язок між двома фінансовими активами, які рухаються в одному напрямку (позитивна кореляція) або в протилежному напрямку (негативна кореляція).

Внесок Марковіца є двояким. З одного боку, він звертає увагу на те, що переваги диверсифікації портфелів активів базуються не на відсутності кореляції між доходами, а на їх недосконалій або частковій кореляції. З іншого боку, він демонструє, що зниження ризику, пов'язане з диверсифікацією, обмежується ступенем кореляції між активами. Отже, Марковіц показує, що диверсифікація знижує ризик, не впливаючи на прибутковість.

Модель ціноутворення на капітальні активи, тим часом, розширює сферу застосування, оскільки вона враховує всіх економічних агентів.

ОСНОВНА МЕТА CAPM

Як зазначалося раніше, метою CAPM є надання інвестору якомога більше інформації про ризики та потенційну дохідність фінансового активу, в який він хоче інвестувати. Розумний інвестор обирає або ефективний ризикований портфель, або баланс між ризикованими та неризикованими активами. CAPM дозволяє встановити рівноважну ціну активів.

ПРИПУЩЕННЯ МОДЕЛІ

 **Визначення**

Стандартне відхилення: Найбільш часто використовувана міра дисперсії для окреслення центральної тенденції. Таким чином, він вимірює мінливість по відношенню до середнього значення.

Очікуване значення: Представлення середнього виграшу або програшу, який людина, ймовірно, отримає в рамках випадкового експерименту.

- Всі інвестори вважаються "інвесторами" за визначенням Марковіца: вони розглядають кожен актив лише з точки зору ризику/прибутковості. Ринок не має "тертя", що означає відсутність трансакційних витрат, комісійних тощо.

- Приріст капіталу та дивіденди не оподатковуються.

- Ринок є збалансованим, інвестор може купити або продати будь-який актив, якщо це не впливає на ціну акцій, інформація є прозорою.

- Інвестори не люблять безризикових інвестицій. Тому вони обирають вищий або нижчий рівень ризику залежно від компенсації, яку вони можуть отримати за нього (премія за ризик).

- Інвестори мають однаковий часовий горизонт, що дозволяє дещо стандартизувати аналіз.

- Інвестори очікують, що майбутні показники цінних паперів будуть такими ж самими.

- Інвестиції нескінченно подільні: можна купувати або продавати частки акцій або портфелів.

- Інвестори контролюють ризик шляхом диверсифікації.

- Інвестори можуть позичати або брати в борг будь-яку суму грошей за безризиковою ставкою.

- Прибутковість активу оцінюється за допомогою очікуваного прибутку на певному горизонті, а його ризик – за допомогою стандартного відхилення його минулих коливань. Наприклад, відносно ризикована акція буде демонструвати коливання цін і, відповідно, більш високе стандартне відхилення.

Припустимо, що очікування, стандартні відхилення та варіації, а також кореляції між різними фінансовими активами є однорідними.

Крім того, кожен портфель складається з одного типу активів. Різною є лише частка – відсоток ризику (низький або високий) – ризикових та безризикових активів.

КОМПОНЕНТИ МОДЕЛІ

CAPM базується на тому, що різні активи та портфелі активів аналізуються з точки зору їх співвідношення ризику та дохідності, а завдання кожного інвестора полягає в тому, щоб сформувати портфель з максимальною корисністю. Існує три основні компоненти для формування ефективного портфеля:

- лінія ринку капіталу, яка виявляє різні комбінації ризику та дохідності;

- ринкова премія, яка визначає вартість ризику;

- бета-коефіцієнт, який вимірює ризик активу по відношенню до ринкового ризику.

Лінія ринку капіталу (CML)

Лінія ринку капіталу показує комбінації ризиків та дохідності фінансових активів. R_f – це рівень дохідності для безризикового активу (наприклад, державних облігацій), тоді як M відноситься до загальної комбінації, що спостерігається на ринку, яка також називається ринковим портфелем. Вибір комбінації буде залежати від профілю інвестора та його схильності до ризику.

Ринкова премія та CAPM

Інвестору потрібна ринкова премія, яка покриває прийнятий ризик. Чим більший ризик, тим вища премія і тим крутіший нахил CLM.

Індикатор бета-ризику

CAPM вимірює не рівень ризику, а відносний ризик активу або портфеля по відношенню до ринку, який називається ß (бета). Іншими словами, бета – це взаємозв'язок між змінами ціни фінансового активу (це називається "волатильністю") та змінами цін на ринку в цілому. Це чутливість або еластичність ціни активу по відношенню до фондового індексу, що представляє ринок. Чим ближче значення бета до 1, тим менш волатильним вважається актив.

Таким чином, премія за ризик за фінансовим активом дорівнює його бета-коефіцієнту, помноженому на загальний ринковий ризик.

CAPM дорівнює премії за ризик *i-го* активу або портфеля та премії за ринковий ризик, помноженої на бета-величину активу, що розглядається.

Очікувана дохідність активу *i* ($E(R_i)$) може бути розрахована, якщо відома безризикова ставка, бета активу та ринкова премія. І навпаки, якщо відома дохідність, то можна розрахувати і ризик.

ПЕРЕВАГИ

 ## Ви знали?

Ставка дисконтування – це ставка, яка дозволяє перетворити майбутню вартість у поточну з урахуванням того, що чим більший проміжок часу між теперішнім і майбутнім, тим більше зменшується поточна вартість.

CAPM має декілька переваг:

- дозволяє розрахувати різну прибутковість активів, що розглядаються;

- полегшує прийняття економічних та фінансових рішень шляхом розрахунку ризиків;

- модель є простішою у використанні, ніж теорія арбітражного ціноутворення, хоча і менш точною з економетричної точки зору;

- модель має два корисних застосування:
  - вимірювання ефективності роботи управителів фондів;
  - розрахунок відповідної ставки дисконтування для оцінки майбутніх доходів компанії.

ВИСНОВОК

Тому зрозуміло, що в цілому раціональний інвестор обирає диверсифікований портфель фінансових активів (ризикові та неризикові активи) з метою забезпечення максимальної ефективності та обмеженого ризику.

Незважаючи на те, що оцінити його ефективність складно, CAPM залишається інструментом оцінки ефективності, який дозволяє користувачам порівнювати роботу менеджменту та ринкові реалії, а також вказує на відповідну ставку дисконтування для розрахунку майбутніх доходів бізнесу.

ОБМЕЖЕННЯ ТА ПРОДОВЖЕННЯ

ОБМЕЖЕННЯ ТА КРИТИКА

Обмеження CAPM є численними, а критика в основному пов'язана з попередніми припущеннями, які були зроблені.

- **Нестабільність бета.** Нагадаємо, що бета – це відносний ризик активу або портфеля порівняно з рештою ринку. Ця нестабільність випливає з того, що ризик активу є змінним і тому може змінитися в будь-який момент часу. Наприклад, уявіть, що я купую фінансовий актив в момент часу t і розраховую ризик x, який я беру на себе з цією інвестицією. На даний момент немає ніякої гарантії, що в момент часу $t + 1$ ризик x цього активу не зміниться через зовнішні фактори (такі як криза). Щоб подолати цей недолік, менеджер, як правило, розглядає всі бети, щоб частково зменшити індивідуальний ризик.

- **Межа диверсифікації портфеля.** Неможливо повністю диверсифікувати портфель: інвестори повинні придбати ряд диверсифікованих фінансових активів, перш ніж прагнути до часткової кореляції (у випадку, якщо диверсифікація знижує ризик). Крім того, портфель зі зниженою кореляцією може в кінцевому підсумку корелювати через зміну економічного, соціального та політичного контексту.

- **Складність практичного застосування** в контексті прогнозування.

- **Нереалістичні припущення.** Майже неможливо мати точне уявлення про безризикові ставки, в які можна інвестувати; не існує єдиного оподаткування між фінансовими активами, тоді як трансакційні витрати є дуже реальними тощо.

- **Залежність досліджень CAPM від вибору ринкового портфеля.** Ця залежність була розроблена економістом Річардом Роллом.

СЛАБКІ СТОРОНИ ТА КРИТИКА

В ширшому масштабі критики ставлять під сумнів відносну ефективність CAPM.

У зв'язку з цим Ролл ставить під сумнів можливість перевірки ефективності моделі: за його словами, для того, щоб її перевірити, потрібно було б мати можливість виміряти ефективність ринкового портфеля, що він вважає неможливим. Він стверджує, що, оскільки портфель включає в себе не тільки всі акції, але й облігації, нерухомість та дорогоцінні метали, серед іншого, він не може бути точно виміряний та ефективно інтегрований в CAPM.

СПОРІДНЕНІ МОДЕЛІ ТА РОЗШИРЕННЯ

В той час як CAPM базується виключно на оцінці бета, інструменту для вимірювання змінного ризику, інші моделі пропонують альтернативні методи, які також дозволяють визначити фінансовий ризик.

Теорія арбітражного ціноутворення (АРТ)

Враховуючи волатильність бета-параметрів, що спостерігається в CAPM, в 1976 році Стівен Алан Росс (американський економіст, нар. 1944 р.) представив альтернативну модель, засновану на теорії арбітражу.

За його словами, є кілька економічних факторів, які впливають на рентабельність:

- з одного боку, загальні фактори, які одночасно впливають на прибутковість декількох активів;

- з іншого боку, фактори, специфічні для активу, які впливають тільки на прибутковість цього активу.

Теорія арбітражу також стверджує, що фактори, характерні для різних активів, не залежать від загальних факторів, а також не залежать один від одного.

Принцип арбітражу виникає тоді, коли два активи з однаковою чутливістю до різних факторів не мають однакової очікуваної дохідності. Якщо немає можливості арбітражу, тобто вони мають однакову очікувану дохідність, ринковий ризик активу повинен розраховуватися з використанням бета-коефіцієнтів, що відносяться до неспецифічних ринкових факторів, які впливають на всі інвестиції.

АРТ застосовується більш широко, ніж CAPM. Однак його основним недоліком є походження та вибір факторів, що впливають на активи.

Багатофакторна модель

Багатофакторна модель намагається подолати недолік АРТ, а саме ідентифікацію конкретних економічних факторів, які можуть впливати на ризик. Оскільки ринковий ризик впливає на більшість (якщо не на всі) інвестицій, він походить від макроекономічних факторів. Таким чином, модель визначає ринковий ризик як ризик схильності будь-якого активу до впливу макроекономічних факторів. Для цієї моделі основою для розрахунку ризику є бета активу відносно макроекономічних факторів.

Трифакторна модель Фама-Френча або модель репрезентативної змінної

 # ВИЗНАЧЕННЯ

<u>Ринкова капіталізація (МК)</u>: Оціночний коефіцієнт, який дозволяє виміряти розмір бізнесу, а також інші критерії, такі як кількість працівників або оборот. Велика ринкова капіталізація, яка становить кілька мільярдів фунтів стерлінгів, відрізняється від меншої ринкової капіталізації.

<u>Співвідношення балансової вартості до ринкової</u>: Інструмент, який використовується для визначення того, чи є актив недооціненим або переоціненим. Якщо коефіцієнт більше 1, актив недооцінений. З іншого боку, якщо він менше 1, то він переоцінений. Цей коефіцієнт був визначений американськими економістами Юджином Френсісом Фамою (1939 р.н., лауреат Нобелівської премії з економіки 2013 року) та Кеннетом Рональдом Френчем (1954 р.н.) як прямий індикатор перспективності компанії.

Ця модель була розроблена на початку 1990-х років американськими економістами Юджином Френсісом Фамою та

Кеннетом Рональдом Френчем і ґрунтується на багатофакторній моделі, яка стверджує, що на повернення впливає більше ніж один фактор. Модель Фама-Френча підкреслює існування двох факторів, які впливають на повернення:

- **Розмір компанії.** Фама та Френч вимірюють розмір компанії за допомогою ринкової капіталізації (РК). Вони, зокрема, зазначають, що активи малих компаній з РК, які вважаються більш ризикованими та з вищою вартістю капіталу, мають вищу середню дохідність порівняно з великими компаніями з РК. Як наслідок, цінні папери малих компаній з ринковою капіталізацією мають надлишкову дохідність порівняно з безризиковими активами, яка є вищою за прогнозовану САРМ.

- Як і ринкова капіталізація, **акції з вищим співвідношенням балансової вартості до ринкової,** відносно недооцінені ринком, є більш ризикованими та мають вищу вартість капіталу. Однак, часто саме ці акції мають найвищу доходність.

Порівнюючи МК та співвідношення балансу до ринку, Фама та Френч виявили, що співвідношення балансу до ринку є статистично більш релевантним, ніж МК, і є основним фактором, який має сильний вплив на активи. Більше того, в довгостроковій перспективі вони помітили, що зв'язок між співвідношенням балансової вартості до ринкової вартості та прибутковістю є набагато сильнішим та стабільнішим, ніж зв'язок між вартістю капіталу та прибутковістю.

Таким чином, прибуткові інвестиції здійснюються в компанії з низькою ринковою капіталізацією та високою балансовою вартістю, що не може бути враховано в моделі САРМ.

ПРАКТИЧНЕ ЗАСТОСУВАННЯ

Цей розділ містить інформацію про кроки, яких слід дотримуватися, та питання, які слід поставити при впровадженні CAPM. Він також містить корисні рекомендації, які допоможуть уникнути помилок.

ПОРАДИ ТА КРАЩІ ПРАКТИКИ

Визначення ризику інвестиції

Першим кроком є визначення ризику інвестиції. Цей ризик можна виміряти, використовуючи дисперсію фактичної прибутковості відносно очікуваного доходу. Після цього можна визначити рівень ризику активу: без ризику, з низьким ризиком або з високим ризиком.

Розмежування оплачуваних і неоплачуваних ризиків

Після визначення рівня ризику необхідно розмежувати оплачувані та неоплачувані ризики. Кожному конкретному активу притаманні два види ризику: ризик, характерний для інвестиції, який називається "бізнес-ризик" або "властивий ризик", і загальний ризик усіх інвестицій, який називається "ринковий ризик".

- **Специфічний ризик** можна контролювати в диверсифікованому портфелі, якщо специфічна ризикована інвестиція становить лише невелику частину портфеля і може бути, наприклад, врівноважена менш ризикованим специфічним активом. Тоді ми говоримо про "середній ризик", який відноситься до різних специфічних ризикових інвестицій з одного портфеля.

- **Ринковий ризик,** який впливає на всі інвестиції, неможливо контролювати, оскільки він, як правило, охоплює всі фінансові активи на ринку. Цей ризик обумовлений двома факторами: загальним розвитком економічної ситуації в світі – від оподаткування до цінової політики – та ставленням інвесторів до цих потенційних змін.

Розумний інвестор, який зазвичай подбав про те, щоб мати диверсифікований портфель, не буде компенсований за ризики, пов'язані зі змінами на ринку.

Вимірювання ринкового ризику

Для розрахунку цього ризику інвестор може використовувати різні методи, включаючи CAPM, APT, багатофакторну модель та модель Френча-Фама, описані вище. Залежно від зроблених припущень, ринковий ризик сприймається і розраховується по-різному.

CAPM базується на тому, що окремі активи та портфелі оцінюються відповідно до співвідношення ризику та дохідності, і що метою кожного інвестора є пошук найбільш ефективного портфеля. Цього можна досягти у три етапи.

1. Інвестор повинен визначити "ефективну межу", тобто набір портфелів, які мінімізують ризик при заданій середній дохідності. Ця сукупність портфелів називається ефективною множиною і представлена площею всередині фігури парасольки. Нижче ми бачимо, що

точка *x* не є раціональною, оскільки при однаковому рівні ризику існує комбінація з вищою дохідністю *e*.

Сума інвестованих сум повинна дорівнювати 1. Чим слабший коефіцієнт кореляції, тим більше знижується ризик: крива байдужості тоді зміщується вліво.

Крива байдужості – це сукупність комбінацій двох товарів або двох факторів, які забезпечують споживачеві або інвестору однаковий рівень задоволення. Вісь Y, *E(R)*, відповідає очікуваному доходу, а вісь X – рівню ризику. Оскільки кожна крива дає інвестору однакове задоволення, для різних комбінацій ризику та дохідності і незалежно від конкретної кривої байдужості, він обере портфель з найвищою дохідністю для даного ризику.

2. Залежно від свого ставлення до ризику (кривої байдужості) інвестор обирає "свій" оптимальний портфель. Це відповідає точці дотику між кривою байдужості та ефективною межею. Якщо він розглядає безризиковий актив, то інвестор зможе вкласти частину своїх активів в один з більш ризикованих портфелів на ефективній границі ризикованих активів, а іншу частину – в безризиковий актив.

3. Для математичного вимірювання цього ризику інвестор повинен використовувати формулу, викладену в теоретичному визначенні поняття:

4. Крім того, загальновідомо, що оцінка фінансових активів сьогодні здійснюється за допомогою комп'ютерів.

РЕКОМЕНДАЦІЇ

Необхідні припущення та варіанти моделі

Застосовуючи CAPM, важливо усвідомлювати, що модель не завжди є реалістичною: з огляду на поточну ситуацію, припущення, зроблені в моделі, рідко є обґрунтованими. Тому розрахунок співвідношення ризику та дохідності має бути розширений до більш широких припущень та варіантів. Нижче наведено кілька прикладів виявлених протиріч:

- Модель розглядає в ринковому портфелі лише цінні папери, що торгуються на фондовій біржі. Ринковий портфель має визначатися всіма існуючими інвестиційними можливостями в економіці, а тому є значно ширшим.

- CAPM робить припущення, які важко застосувати в сучасному контексті. Тому теоретична модель повинна бути поширена на реальність нашого середовища, що часто робить її менш релевантною і більш складною.

- Нульова бета або відсутність ризику. Запозичити за безризиковою ставкою, як правило, неможливо. Ви не можете припустити, що існує безризиковий актив. CAPM має бути адаптований до цієї реальності.

- CAPM також припускає відсутність податків, трансакційних витрат тощо. Це припущення слід переглянути, оскільки інвестори сплачують податки (включаючи дивіденди та приріст капіталу від продажу) і несуть трансакційні витрати. Якщо врахувати всі ці додаткові витрати, то інвестори будуть схильні обмежувати розмір своїх портфелів, купуючи менше акцій.

Існує багато розширень припущень та варіантів моделі. Зокрема, у главі 3 своєї книги "Кількісна фінансова економіка: Акції, облігації та іноземна валюта" Кіт Катбертсон представляє та розвиває нюанси CAPM та їх математичне застосування.

Нарешті, рекомендується, щоб інвестор або компанія-інвестор враховували фактор "диверсифікації", який є важливим параметром при оцінці ризику, з метою його зниження. Крім того, слід проявляти обережність, оскільки не існує такого поняття, як безризиковий дохід! Загалом, диверсифікація портфеля є одним з найкращих способів захисту інвесторів та обмеження ризику.

Запаси

Збільшення кількості активів у портфелі пов'язане зі зменшенням ризику, хоча це не є лінійним явищем. Ефекти диверсифікації спочатку є значними, але після певного моменту вони зменшуються, тоді як витрати, пов'язані з кількістю акцій (транзакції, постійні витрати тощо), зростають. Крім того, максимальна диверсифікація зменшує варіабельність дохідності акцій. Наприклад, якщо варіабельність зменшується на 70%, то решта 30% становлять "систематичний" ризик, оскільки повністю усунути ризик за допомогою диверсифікації неможливо (див. ринковий ризик).

Диверсифікація може здійснюватися на різних рівнях:

- у різних зонах (Європа, США, Японія, країни, що розвиваються, тощо)

- на рівні секторів діяльності

- відповідно до розміру компанії

- за стилем управління (активний, пасивний тощо)

Крім акцій, можна навести й інші приклади, такі як облігації, готівка та золото, не беручи до уваги інші активи, такі як інвестиційні фонди, твори мистецтва тощо.

- **Облігації, як** правило, пропонують нижчу дохідність, ніж акції, але ризик є обмеженим.

- **Готівка або заощадження** пропонують здебільшого нижчу дохідність, ніж акції – за винятком акцій "Фортіс", які втратили близько 95% своєї вартості у 2008 році, – але на той же порядок, що й облігації.

- **Золото** характеризується високим ризиком при нижчій середній дохідності, ніж інші активи.

ТЕМАТИЧНЕ ДОСЛІДЖЕННЯ

Контекст

В контексті управління капіталом, менеджер визначає мету клієнта, щоб найкращим чином її досягти. Експерт аналізує всю ситуацію інвестора – сім'ю, роботу, кар'єру та майно. Цей аналіз дозволяє визначити більш конкретні потреби.

УПРАВЛІННЯ КАПІТАЛОМ – НАВІЩО?

Управління багатством – це процес, за допомогою якого оцінюється приватна власність (рухоме майно, нерухомість, грошові кошти тощо) з метою оптимізації її використання. Якщо особа володіє багатьма об'єктами нерухомості, вони будуть обкладатися відносно високими податками. Управління капіталом має на меті мінімізувати витрати шляхом оптимізації використання цих активів.

Який портфель є найбільш ефективним для даного інвестора-клієнта за моделлю CAPM?

Проблема полягає в оцінці та визначенні ефективного портфеля залежно від типу інвестора, з яким має справу керуючий.

Типи інвесторів

Банки та фінансові установи зазвичай розрізняють чотири типи інвесторів:

ризиковий інвестор, впевнений у завтрашньому дні та в пошуках ефективності;

далекоглядний інвестор, одночасно впевнений у завтрашньому дні та неохочий до ризиків;

витрачальник (споживач);

інвестор, який песимістично дивиться в майбутнє і не бажає ризикувати.

По-перше, управитель повинен визначити декілька параметрів ринку:

- **Вибір еталонного ринкового портфеля. Існує** декілька фондових індексів, які об'єднують репрезентативний набір активів на ринках. До них відносяться CAC 40, який включає 40 найбільших за ринковою капіталізацією компаній у Франції, та S&P 500 в Америці.

- **Вибір безризикового активу.** Ми можемо розглядати державні облігації або продукти страхування життя як активи з обмеженим ризиком. Хоча ризик є обмеженим – і тому ніколи не дорівнює повному нулю – дохідність є невизначеною і волатильною.

- **Вибір клієнтського портфеля.** CAPM припускає, що всі фінансові активи на ринку оцінені правильно: кожен з них має певний ризик та очікувану дохідність. Менеджер вибирає разом з інвестором, який усвідомлює неминучий взаємозв'язок між дохідністю активів і ризиками, портфель, який найбільше відповідає очікуванням клієнта. Таким чином, вибір наповнення портфеля для клієнта буде безпосередньо пов'язаний з його експозицією до ринкового портфеля. Цей коефіцієнт ризику (бета) може бути легко отриманий за допомогою фінансової інформації, що передається фондовим індексом. Після того, як бета визначена, корисно розробити стратегію, яка б відповідала вимогам інвестора.

- **Варіанти моделі: бета, волатильність та ефективність портфеля.** Розрахунок параметрів САРМ може здійснюватися різними способами:

  - Використання попередніх історичних даних, що базуються на епізодичних ефектах. Однак це вимагає обережності: оскільки зміни в історичних даних, як правило, прив'язані до певних періодів (наприклад, періодів кризи), вони не забезпечують повної об'єктивності.

  - Через фінансові дані, які вже доступні та використовуються на різних платформах. Знову ж таки, важливо бути обережним, оскільки деякі аналізи можуть бути суб'єктивними та упередженими.

  - Нарешті, через корпоративні звіти та економічні прогнози.

Загалом, менеджер прагне отримати найбільш повну, а отже, і найбільш достовірну інформацію, щоб уникнути додаткового ризику для портфеля інвестора. Після того, як варіанти моделі визначені, САРМ визначає найкращий можливий розподіл фінансових ресурсів інвестора, враховуючи його побажання щодо дохідності, ризику та типів активів.

Моделювання портфеля

Уявіть собі відносно диверсифікований портфель з активами в різних секторах, випущеними компаніями різної важливості, що інвестують в різні географічні ринки.

Цей портфель складається з 15 німецьких державних облігацій, 20 акцій компанії Belfius, 8 акцій камбоджійського сільськогосподарського кооперативу та 10 інших акцій в американській нерухомості.

Знання рівня кореляції є важливим, оскільки дозволяє з'ясувати, чи є портфель дуже ризикованим (коефіцієнт близький до 1; позитивна кореляція), чи ні (коефіцієнт близький до 0; негативна кореляція). Крім того, коефіцієнт ефективності дає інформацію про рівень контролю за ризиками, а отже, і про відносну безпеку активів. Цей показник розраховується з використанням коефіцієнта економіста Вільяма Шарпа таким чином, що будь-який негативний результат вилучається з портфеля.

Аналіз ефективності може включати два виміри:

- графічний вимір

- математична величина, що виражається вартістю портфеля та вартістю активів, які входять до складу портфеля.

У випадку нашого портфеля ми бачимо, що прийнята диверсифікація є хорошою, але може бути покращена, зокрема, шляхом вибору менш корельованих активів.

Висновок

CAPM дозволяє проводити простий аналіз ринкових змін та схильності до ризику певних активів. Однак, без розширення моделі, вона має мало користі – або взагалі не має користі – і є неефективною. Коефіцієнт Шарпа, наприклад, є важливим інструментом для вимірювання ефективності активів у складному середовищі, як сьогодні.

РЕЗЮМЕ

- CAPM – це математичний метод, який дозволяє розраховувати очікувану дохідність будь-якого фінансового активу.

- Модель з'явилася в 1950-х роках, в той час, коли фінансові ринки розвивалися і ставали стандартизованими, оскільки інвестори хотіли більше інформації та гарантій для забезпечення прибутковості своїх фінансових активів.

- Теоретики:
  - у 1921 році Френк Найт дав визначення поняттям невизначеності та ризику;
  - у 1950 році робота Гаррі Марковіца поклала початок сучасній теорії диверсифікації та портфелів;
  - нарешті, починаючи з 1964 року, такі економісти, як Вільям Шарп, Джон Лінтнер, Ян Моссін та Фішер Блек розвинули існуючі фінансові моделі, що призвело до створення CAPM.

- При застосуванні моделі важливо, щоб:
  - визначити ефективну межу портфелів;
  - визначення оптимального портфеля, шляхом диверсифікації портфеля активів для мінімізації систематичного ризику при збереженні певного рівня прибутковості.
  - вимірювати ризик і прибутковість портфеля.

- Модель є корисною лише тоді, коли відсутня пропущена інформація та відсутні трансакційні витрати. Тому оптимальний диверсифікований портфель є однаковим для всіх інвесторів.

- Основними обмеженнями цієї моделі є непридатність зроблених припущень та нестабільність значення бета-коефіцієнта.

- Три моделі є розширенням CAPM: APT (теорія арбітражного ціноутворення), багатофакторна модель та трифакторна модель Фама-Френча.

ЧИТАТИ ДАЛІ

БІБЛІОГРАФІЯ

Бодо, Ж.-Й. (Без дати) Le MÉDAF. *JYBaudot.fr.* [Онлайн]. [Accessed 26 June 2014]. Режим доступу: < http://www.jybaudot.fr/Bourse/medaf.html>.

Броке, К., Коббо, Р., Жільє, Р. та ван ден Берг, А. (2004) *Gestion de portefeuille.* Брюссель: De Boeck.

Дамодаран, А. (2006) *Фінанси підприємств. Théorie et pratique.* Брюссель: De Boeck.

Desquilbet, J.-B. (Без дати) Le MÉDAF. Modèle d'évaluation des actifs financiers. *Université d'Artois.* [Онлайн]. [Accessed 26 June 2014]. Режим доступу: < http://jb.desquilbet.pagesperso-orange.fr/docs/A_M2thfi_2_MEDAF.pdf>.

Gaga, O. и Tarib, A. (Без даты) Le Modèle d'Équilibre des Actifs Financiers. Case d'ITISSALAT AL-MAGHRIB. *Scribd.* [Онлайн]. [Accessed 26 June 2014]. Режим доступу: <http://fr.scribd.com/doc/24407264/Modele-d-equilibre-des-actifs-financiers-MEDAF-CAPM>.

Limaiem, I. (2009) Les facteurs du modèle Fama et French : cas du marché des actions canadiennes. *Université du Québec à Montréal.* [Онлайн]. [Accessed 8 July 2014]. Режим доступу: <http://www.archipel.uqam.ca/2202/1/M10858.pdf>.

Moisson, J.-C. (Без дати) *Méthodes et principes de gestion de portefeuille benchmarkée.* [Онлайн]. [Accessed 26 June 2014]. Available from: < http://www.bm.com.tn/ckeditor/files/gestion_de_portefeuille_bench.pdf>.

Ngoma, F. (2009) Évaluation des actifs financiers par le MÉDAF. Validation empirique de la relation risque-rendement par les modèles économétriques. *Mémoire Online.* [Онлайн]. [Accessed 26 June 2014]. Available from: < http://www.memoireonline. com/07/10/3749/Evaluation-des-actifs-financiers-par-le-MEDAF-validation-empirique-de-la-relation-risque-rendement-. html>

Statistics Canada (Без дати) *Дисперсія та стандартне відхилення.* [Онлайн]. [Accessed 26 June 2014]. Режим доступу: < http://www.statcan.gc.ca/edu/power-pouvoir/ch12/5214891-eng.htm>.

ДОДАТКОВІ ДЖЕРЕЛА

Бек, К.Е. (2010) *Ціноутворення на активи та теорія вибору портфеля (Огляд та узагальнення Асоціації фінансового менеджменту).* Нью-Йорк: Oxford University Press USA.

Капінскі, М.Я. и Копп, Е. (2014) *Теорія портфеля та управління ризиками (Освоєння математичних фінансів).* Кембридж: Cambridge University Press.

Катберсон, К. та Нітче, Д. (2004) *Кількісна фінансова економіка: Акції, облігації та іноземна валюта.* [2-е видання]. Західний Сассекс: John Wiley & Sons.

Леві, Х. (2011) *Модель ціноутворення на капітальні активи у 21 столітті: Аналітичні, емпіричні та поведінкові перспективи.* Нью-Йорк: Cambridge University Press.

IMPROVE YOUR
GENERAL KNOWLEDGE
IN THE BLINK OF AN EYE!

Майстер ISBN: 9782808601290
Паперовий ISBN: 9782808602747
Юридичний депозит: D/2022/12603/275

Цифровий дизайн: Primento,
цифровий партнер видавництва.

* 9 7 8 2 8 0 8 6 0 2 7 4 7 *

ТЕОРІЯ ЕВОЛЮЦІЇ ДАРВІНА

Поява видів

ТЕОРІЯ ЕВОЛЮЦІЇ ДАРВІНА

Поява видів

написаний Romain Parmentier
перекладено Yaroslav Melnik

ТЕОРІЯ ЕВОЛЮЦІЇ ДАРВІНА

КЛЮЧОВА ІНФОРМАЦІЯ

- **Коли:** 24 листопада 1859 року

- **Де:** Лондон

- **Контекст:** Наукова дискусія про походження видів у 19th столітті

- **Донори:**

  - Чарльз Дарвін, британський натураліст (1809-1882)

  - Альфред Рассел Воллес, британський мандрівник і натураліст (1823-1913)

- **Удар:**

  - Нова концепція походження видів у природознавстві

  - Створення дарвінізму

24 листопада 1859 року вперше з'явилася книга *"Про походження видів шляхом природного відбору, або Збереження сприятливих рас у боротьбі за життя"*. Книга, яка неодноразово перевидавалася і була перекладена багатьма мовами, сколихнула громадську думку в [19] столітті. Її автор, Чарльз Дарвін, стверджував, що всі види, які населяють Землю, є результатом повільної еволюції і що вони продовжують розвиватися у відчайдушній боротьбі за виживання. Але чи не є ці види незмінними істотами, що живуть у

щедрій природі згідно з волею Божою? Розрив між цими двома ідеями вражає.

Чарльзу Дарвіну знадобилося багато років, щоб записати свої думки і теорію. Захоплений природничими науками, він передусім подорожував як натураліст на кораблі *"Бігль"*, *що* заклало підвалини його революційних ідей. Відпливши у грудні 1831 року, корабель повернувся до Англії у жовтні 1836 року. Протягом цих п'яти років молодий вчений скористався можливістю зібрати і вивчити безліч видів тварин і рослин. Він також пройшов через низку дослідів, які назавжди змінили його погляд на природу.

Після повернення Чарльз Дарвін зібрався з думками. У 1839 році він прийшов до висновку, що види зазнають змін, що дозволяє еволюціонувати шляхом природного відбору в боротьбі за виживання. З'їдений тривогою перед обличчям наслідків, які може викликати такий науковий зрив, Дарвін витратив двадцять років на завершення своєї роботи, намагаючись дати відповіді для тих, хто буде його оскаржувати, і назавжди увійшов в історію світу.

ПОЛІТИЧНИЙ, ЕКОНОМІЧНИЙ ТА СОЦІАЛЬНИЙ КОНТЕКСТ

БРИТАНІЯ В УСЬОМУ СВІТІ

19 століття, безперечно, було епохою Британії. Дійсно, країна, в якій народився Чарльз Дарвін, перебувала на вершині свого розквіту. Хоча її піднесення розвивалося протягом багатьох десятиліть, воно особливо прискорилося наприкінці 18-го і 19-го століть. Британія першою вступила в промислову революцію заліза, вугілля і парового двигуна, що дало їй можливість випередити всі інші країни. Промисловість значно розвинула британську економіку, і Британія експортувала все більше і більше товарів, аж до того, що стала найбільшою економікою світу.

Ще одним чинником, який також підкреслює важливість Великої Британії 19-го століття, є значення її територій. Наприкінці минулого століття, коли країна втратила свої американські колонії за підсумками Війни за незалежність (1775-1783 рр.), вона, тим не менш, все ще володіла Канадою та багатьма територіями в Карибському басейні. Посилюючи міць свого військово-морського флоту, Великобританія невблаганно продовжувала свої територіальні завоювання. Численні експедиції дозволили їй заволодіти Австралією, Новою Зеландією, багатьма островами в Тихому океані. Крім того, Індія, до якої так прагнули всі європейські країни, була поступово підкорена англійцями в період між 1757 і 1858 роками, коли ця територія остаточно перейшла під владу корони. Нарешті, Африка стала предметом запеклої боротьби між європейськими державами у другій половині [19] століття. Британія створила тут справжню імперію, колонії якої простягалися від Каїра до Кейптауна.

Контроль Великої Британії над морями також став результатом її перемог над європейськими суперниками, передусім над Францією. Після війн Французької революції та Наполеонівських війн (1793-1815 рр.) британці остаточно вивели з боротьби французьких та іспанських конкурентів, перетворивши країну на першу морську державу. Віденський договір 1815 року також надав Британії низку укріплених баз, таких як Гібралтар, Фрітаун (Сьєрра-Леоне), острів Святої Єлени, Кейптаун, Маврикій, Цейлон та Мальта, які відтепер слугували для забезпечення комунікації між колоніями та метрополією.

СТОЛІТТЯ НАУКИ

Успадкований від Просвітництва, метою якого була боротьба з обскурантизмом, ентузіазм до наукових досліджень продовжився і прискорився в [19] столітті, яке було одночасно романтичним і позитивістським.

Спираючись на роботи батька сучасної хімії Лавуазьє (1743-1794), якому ми завдячуємо першим виділенням хімічних елементів, його наступники відкрили майже всі елементи у [19] столітті. У 1869 році російський хімік Менделєєв (1834-1907) класифікував їх відповідно до їх атомної ваги у своїй знаменитій періодичній таблиці.

У сфері електрики навіть був досягнутий перший успіх з винаходом батареї Алессандро Вольта (італійський фізик, 1745-1827) у 1800 році. Багато інших відкриттів стали результатом цього винаходу, таких як принцип електролізу, відкритий Ентоні Карлайлом (британський фізіолог, 1768-1840), та електромагнетизм, відкритий Андре Марі Ампером (французький фізик, 1775-1836) і Майклом Фарадеєм (британський хімік і фізик, 1791-1867).

У медицині анестезія почала більш широко використовуватися в 1844 році завдяки ефіру. Прогрес також продовжувався в галузі антибіотиків і вакцин, особливо завдяки роботі Луї Пастера (французький хімік і біолог, 1822-1895).

Ця жага до знань також штовхала європейських інтелектуалів досліджувати різні регіони світу, щоб зрозуміти, як він влаштований. До складу цих великих наукових експедицій входили картографи, які відповідали за постійне вдосконалення карт віддалених територій, астрологи, які завдяки своїм спостереженням розширювали знання про Всесвіт, а також багато натуралістів, які збирали і постійно відкривали нові види тварин і рослин. Першочерговим завданням було вже не стільки відкриття нових територій, скільки поглиблення розуміння світу і всього, що в ньому відбувається.

ДО ДАРВІНІЗМУ: ФІКЦІОНІЗМ ПРОТИ ТРАНСФОРМІЗМУ

До початку [19] століття над усіма панувала одна ідея – креаціонізм. Дотримуючись біблійних приписів книги Буття, всі види вважалися незмінними, такими, що виникли спонтанно і незалежно один від одного за волею Божою. Крім того, геологічна шкала часу того часу суттєво відрізнялася від тієї, яку ми знаємо сьогодні. Адже вона простежувала створення Землі в неділю 23 жовтня 4004 року до н.е., що не дозволило б теорії еволюції, якою ми її знаємо сьогодні, існувати такий короткий проміжок часу. Ця глибоко релігійна тенденція була ретрансльована в науковий світ фіксізмом, який стверджує, що кожен вид пройшов крізь віки, не змінюючись, або, принаймні, не зазнавши жодних істотних змін. Фіксізм набув значення у 18 столітті завдяки роботам Карла Ліннея (шведський натураліст і лікар, 1707-1778), який розробив систему класифікації видів, присвоївши кожній особині латинське ім'я, стать і вид. Система, яка використовується і сьогодні, тоді вважалася фіксованою і незмінною, що відображає первісний поділ, бажаний Творцем.

 Розрахунок в часі

Дата створення світу (неділя 23 жовтня 4004 року до н.е.) була розрахована у 17 столітті ірландським архієпископом Джеймсом Ушером (1581-1656). Він встановив свою хронологію на основі Біблії, яка розповідає про всю чоловічу лінію від Адама, першої людини, до Соломона (царя Ізраїлю, 970-931 рр. до н.е.), враховуючи вік, зазначений для кожного нащадка. Потім він встановив зв'язок з хронологією царів Ізраїлю, а також з точно датованими подіями, що відбувалися в той час в інших цивілізаціях, наприклад, у римлян. Саме цей відлік врешті-решт привів до 4004 року до н.е. Місяць і рік були визначені, виходячи з початку єврейського року, яким для того року було 23 жовтня. День неділі також був обраний відповідно до

На початку [19] століття саме французький натураліст Жорж Кюв'є (1769-1832) був уособленням фікціоністського напряму. Парадоксально, але він був одним з наукових засновників двох напрямків, які через кілька десятиліть лягли в основу еволюційних теорій, а саме палеонтології (вивчення живих істот за скам'янілостями) та порівняльної анатомії (дослідження спорідненості на основі анатомії). Однак, незважаючи на відкриття сотень скам'янілостей, Жорж Кюв'є позиціонував себе як захисник фіксізму, вважаючи, що скам'янілі види не мають ніякого зв'язку з тими, що існували в його час. Він вважав, що одні зникли, а інші з'явилися, причому абсолютно незалежно. На підтвердження своєї гіпотези він використовував теорію, що посилається на великі катаклізми, останнім з яких був потоп, подоланий Ноєвим ковчегом.

Незважаючи на те, що фіксізм домінував, у цей час все більшого значення набував інший науковий напрям, що бере свій початок ще з античності, — трансформізм. На відміну від фіксистів, трансформісти вважали, що види змінюються з часом у відповідь на певні обставини. Ретрансльований великими натуралістами епохи Просвітництва, такими як Жорж Луї Леклерк де Бюффон (1707-1788), трансформізм по-справжньому посилив свій вплив завдяки Жану-Батісту Ламарку (французький натураліст, 1744-1829). Для останнього види зазнають змін у постійному прогресі в напрямку ускладнення та вдосконалення. Він навіть сформулював закон – нині застарілий – щодо успадкування ознак, стверджуючи, що трансформація органу передається з покоління в покоління, змінюючи вид. Найвідомішим прикладом на підтвердження його твердження став жираф, змушений харчуватися листям дерев, який поступово подовжив свою шию. Трансформація потім стала спадковою. Хоча генетика у [20] столітті продемонструвала, що перетворення і мутації видів відбуваються набагато складніше, Жан-Батіст Ламарк все ж залишається предтечею теорії еволюції.

БІОГРАФІЇ

ЧАРЛЬЗ ДАРВІН

Натураліст і засновник теорії еволюції Чарльз Дарвін народився 12 лютого 1809 року в м. Шрусбері (Англія) в заможній та освіченій родині. Так, його дідами були лікар, ботанік, зоолог і поет Еразм Дарвін (1731-1802) та відомий гончар Джосайя Веджвуд (1730-1795), а батько, Роберт Ворінг Дарвін (1766-1848), був лікарем. Незважаючи на ці чудові сімейні кар'єри, Чарльз Дарвін дуже мало цікавився школою, що відображалося на його оцінках. Однак він захоплювався природою і з юних років почав колекціонувати рослини та комах.

У 1825 році, коли йому виповнилося 16 років, батько вирішив віддати його до Единбурзького університету вивчати медицину. Але ці заняття набридли і навіть викликали огиду у юнака, який через два роки залишив навчання. Тим не менш, саме там він отримав перші уроки природознавства, які підтвердили його захоплення ботанікою і зоологією. Оскільки юному Дарвіну здавалося, що у нього відсутнє справжнє покликання, батько запропонував йому стати пастором, але ця посада передбачала отримання диплома. Чарльз Дарвін розпочав трирічне навчання в Кембриджі, без особливого ентузіазму, але з можливістю відвідувати заняття з ботаніки. Тоді він подружився з професором Джоном Хенслоу (британський ботанік і геолог, 1796-1861).

У 1831 році він нарешті отримав ступінь бакалавра мистецтв і, за порадою свого професора, незабаром після цього взяв участь в експедиції з Адамом Седжвіком (1785-1873) до північного Уельсу. Цей досвід удосконалив натуралістичну підготовку Чарльза Дарвіна, який, окрім ботаніки та зоології, тепер був знайомий з геологією.

Після закінчення університету він не хотів ставати пастором. Натомість він мріяв про пригоди і подорожі, як великі натуралісти свого часу. Знову ж таки, Джон Хенслоу порадив юнакові приєднатися до експедиції корабля *"Бігль"* в якості натураліста, навіть надіславши рекомендаційний лист капітану корабля Роберту Фіцрою (1805-1865). Чарльз Дарвін був остаточно обраний і піднявся на борт корабля в грудні 1831 року, після того, як йому вдалося отримати схвалення свого батька, який не бажав цього. Хоча подорож планувалася на два роки, *"Біглю" знадобилося* п'ять років, щоб виконати свою місію. Ця подорож стала вирішальною для Дарвіна, який, спостерігаючи, збираючи та аналізуючи всі види рослин, тварин і мінералів, які він знайшов, почав формулювати теорію, яка згодом зробить його знаменитим.

Повернувшись до Англії, він зрозумів, що став відомим у наукових колах. Джон Хенслоу потурбувався про публікацію подорожніх кореспонденцій молодого натураліста. Завдяки цій підтримці Чарльз Дарвін побачив можливість заробляти на життя своїми науковими дослідженнями і остаточно відмовився від кар'єри священнослужителя. У 1839 році він одружився, вступив до Королівського товариства і опублікував свій подорожній щоденник з *"Бігля"*, який включав теорію про утворення атолів.

У 1858 році інший натураліст на ім'я Альфред Рассел Уоллес надіслав йому свою роботу з теорії еволюції, яка була схожа на його власну. Під тиском друзів Дарвін нарешті вирішив опублікувати свою роботу, щоб випередити Уоллеса. 24 листопада 1859 року книга "Походження *видів шляхом природного відбору, або збереження сприятливих рас у боротьбі за життя*" з'явилася в книжкових магазинах. Успіх був негайним.

Після цієї публікації вся біологічна наука була перевернута з ніг на голову, а в науковому середовищі розгорнулися гострі дискусії. Однак Чарльз Дарвін, залишаючись осторонь полеміки, продовжував присвячувати себе своїм дослідженням, публікуючи численні інші праці та вдосконалюючи свою теорію. Він помер 19 квітня 1882 року в Дауні, графство Кент.

АЛЬФРЕД РАССЕЛ ВОЛЛЕС

Альфред Рассел Уоллес — натураліст, народився 8 січня в місті Уск (Уельс). Захоплений природничими науками, з 1848 по 1852 рік він здійснив подорож до Південної Америки, де, як і інші натуралісти, збирав, спостерігав і досліджував всілякі види. Потім він знову вирушив у 1854 році до Малайського архіпелагу і базувався переважно на Борнео.

На основі своїх спостережень він, як і Чарльз Дарвін, незабаром прийшов до висновку, що види тварин і рослин є результатом тривалої еволюції, рушійною силою якої є природний відбір. Бажаючи протистояти його ідеям, у 1858 році він надіслав Дарвіну свою роботу "*Про тенденцію сортів до нескінченного відхилення від початкового типу"*. Побачивши, наскільки просунута робота Альфреда Уоллеса, Дарвін, підштовхуваний друзями, вирішив якнайшвидше опублікувати власну теорію. Визнаючи пріоритет роботи Чарльза Дарвіна, Альфред Уоллес продовжував служити теорії еволюції протягом усього свого життя.

Помер 7 листопада 1913 р. у м. Бродстоун (Англія).

ТЕОРІЯ ЕВОЛЮЦІЇ

ПРОГУЛЯНКА НА БОРТУ ЯХТИ
BEAGLE

Чарльз Дарвін не встиг закінчити навчання, як йому запропонували взяти участь у науковій експедиції Британського Адміралтейства на кораблі *"Бігль"*. Місія під командуванням капітана Роберта Фіцроя мала на меті продовжити картографування Патагонії та Вогняної Землі, розпочате у 1826 році, а потім провести дослідження узбережжя Чилі, Перу та деяких островів Тихого океану.

Він піднявся на борт *"Бігля"* і відправився в середу 27 грудня 1831 року в п'ятирічну подорож. Натураліст, якому на момент відплиття було 22 роки, пізніше стверджував, що "подорож на "Біглі" [була] безумовно найважливішою подією в [його] житті і… визначила всю його кар'єру" (Darwin, 2002).

Незважаючи на морську хворобу, юний натураліст із задоволенням виконував свою місію на *"Біглі"*. Командир дозволив йому здійснювати тривалі екскурсії до берега, щоб він міг досліджувати, збирати, вивчати і натуралізувати всі види тварин, які були йому доступні. Після кількох зупинок і тривалого переходу через Атлантику корабель прибув до бухти Ріо 4 квітня 1832 року. Там була запланована зупинка на два місяці, що дало Дарвіну повну свободу для того, щоб відправитися в тропічний ліс.

Захоплений неймовірним розмаїттям, що твориться в природі, юнак також був захоплений хаосом лісу, де життя стояло пліч-о-пліч зі смертю та гниттям, а також запеклою боротьбою між видами у спробі вижити. Це видовище було для нього новим. До цього часу всі вважали тропічний ліс чудовим райським садом, де природа була доброю, згідно з божественною волею. Але там натураліст виявив протилежне. Поведінкою особин у цьому ворожому середовищі керувало виживання. Дарвін невтомно розпочав загальне обстеження умов життя видів і зв'язків між ними.

ЧАС ДЛЯ ДОПИТУ

"Бігль" відновив свій рейс 5 липня і 7 вересня прибув до Баія-Бланки (на південь від Буенос-Айреса). Під час екскурсії Чарльз Дарвін виявив скам'янілі кістки. Хоча він вже бачив деякі з них, це була перша можливість дослідити їх у природному середовищі. Тоді він помітив, що кістки розташовані в різних геологічних шарах, що свідчить про зсув ґрунту. Однак його увага залишилася прикутою до останків гігантського ссавця, який на диво мав схожість з іншими видами, які ще були живі, в той час як заповіти Жоржа Кюв'є стверджували протилежне. Цей ссавець, якому дали назву Megatherium, насправді був гігантським лінивцем, який вимер вже 11 000 років тому.

Це відкриття захопило Чарльза Дарвіна і підштовхнуло його до роздумів. Чи існував зв'язок між вимерлими і живими видами? Чи є сучасні види результатом трансформації більш давніх видів? Для натураліста було занадто рано відповідати на такі питання. Проте, його постійно зростаючі відкриття і колекції, які він відправляв до Англії, як тільки з'являлася можливість, змінювали всі його попередні уявлення про світ і природу.

У грудні 1832 року прийшов новий досвід, який ще більше засмутив натуралістичні уявлення. "*Бігль*" досяг Вогняної Землі і збирався висадити на берег місіонера і трьох фуегіанців (жителів Вогняної Землі). За три роки до цього їх привезли до Англії для навчання. Метою експерименту було повернути їх до рідного племені, щоб цивілізувати решту населення. Хоча ця частина місії закінчилася повним провалом, вона дуже послужила роздумам натураліста. Чарльз Дарвін, який вперше зустрівся з "первісними" людьми, був вражений. Він відзначив їхній елементарний спосіб життя, поведінку, що межувала з дикістю, та боротьбу за виживання в несприятливих умовах. Проте троє з них були освіченими, що доводило відсутність інтелектуальної переваги, як багато хто вважав на той час, між "расами" чоловіків. Отже, саме навколишнє середовище впливало на стан людини. Зіткнувшись з видовищем диких популяцій по всьому світу, Чарльз Дарвін зауважив, що межа між людиною і твариною є тоншою, ніж хотіли б вважати теологи. Навпаки, Дарвін бачив у людині не божественне творіння, поставлене над усім, а ссавця серед багатьох інших.

Після кількох рейсів і зупинок у Патагонії "*Бігль*" пройшов Магелланову протоку в червні 1834 року. 23 липня він досяг Вальпараїсо, Чилі. Чарльз Дарвін здійснив першу екскурсію в Андах і, на свій подив, виявив скам'янілі мушлі на висоті 4 000 метрів над рівнем моря. Цей тривожний досвід змусив його зрозуміти, що ґрунт був сильно піднятий невідомими силами. Більше того, така подія повинна була відбуватися протягом тривалого періоду часу, що ставило під сумнів його уявлення про геологічний час з Біблії. Потім *"Бігль"* попрямував назад узбережжям до Вальдівії (порт Чилі), досягнувши її в лютому 1835 року, а в березні повернувся до Вальпараїсо, де натураліст вдруге досліджував Анди. У Вальдівії Чарльз Дарвін зіткнувся з сильним землетрусом, який змусив його усвідомити неймовірну силу природи і, зокрема, нестабільність світу, що постійно змінюється.

ГАЛАПАГОСЬКІ ОСТРОВИ ТА ЇХ В'ЮРКИ

Досягнувши Ліми (Перу), експедиція взяла курс на Галапагоські острови, чому Чарльз Дарвін був дуже радий. Цей етап подорожі дійсно став для натураліста вирішальним у розвитку його теорії. На острів Чатем *"Бігль"* прибув 17 вересня 1835 року, і Дарвін одразу ж розпочав свої дослідження. Пересуваючись від острова до острова, він помітив, що на цьому архіпелазі є види, які більше ніде не зустрічаються. Серед найвідоміших – гігантські черепахи, м'ясо яких він мав можливість скуштувати, та ігуани, яких він кілька разів кидав у воду, щоб перевірити їхню водонепроникність. Цікавився Чарльз Дарвін і птахами островів, а саме зябликами, які через багато років завдяки йому стануть по-справжньому відомими.

Серед зібраних 26 видів наземних птахів зяблики, на перший погляд, здавалися цілком звичайними. Однак, поспостерігавши за ними, Дарвін виділив не менше тринадцяти видів цих невеликих птахів, які розрізнялися за розміром дзьоба. Іноді вони були дуже розвиненими, як у дрімлюги, іноді набагато тоншими, як у співочої пташки, а між цими двома крайнощами знаходилося безліч розмірів. Чарльз

Дарвін усвідомив важливість прикладу зябликів значно пізніше, коли розвивав свою теорію. Вони дійсно є матеріальним доказом варіацій видів.

Ці птахи, ймовірно, походять від спільного предка на американському континенті, але з часом змінилися, пристосувавшись до суворих умов навколишнього середовища Галапагоських островів. В умовах обмеженої кількості їжі вид еволюціонував, набуваючи специфічних рис, які залежали від їжі, доступної на кожному острові. Деякі з них стали насіннєїдами, інші — комахоїдними. Але навіть у першій категорії існують індивідуальні особливості: так, деякі харчуються твердим, великим насінням, яке може розколоти лише міцний дзьоб, тоді як інші харчуються дрібним насінням, яке легше з'їсти, надаючи необхідні пояснення щодо багатьох типів дзьобів, які можна знайти у цього птаха.

Навіть сьогодні "дарвінівських в'юрків" вивчають, щоб спостерігати за еволюцією виду. Так, у періоди посухи, коли їжі стає менше, біологи спостерігають скорочення популяції дрібнодзьобого в'юрка, оскільки він не здатен розколупувати більші насіння, як це роблять великодзьобі в'юрки, які можуть харчуватися всім підряд. Таким чином, це відкриття показує, що найбільш пристосовані види виживуть над менш пристосованими. Хоча Дарвін не говорив про природний відбір, коли відкрив зябликів, він, тим не менш, був переконаний у зміні видів і видоутворенні (утворенні нових видів).

З завершенням місії "Бігль" міг нарешті розпочати повернення до Великої Британії. 20 жовтня 1835 року судно вийшло з Галапагоських островів і послідовно досягло Таїті, Нової Зеландії та Австралії. У квітні воно досягло Кокосових островів (острови Індійського океану), де Дарвін розвивав свою теорію про утворення атолів. Він також був зачарований коралами, різні гілки яких надихнули його на створення еволюційних дерев (де види йдуть в декількох напрямках). Нарешті, після подорожі через Маврикій, Кейптаун та острів Святої Єлени, корабель прибув до Великої Британії 2 жовтня 1836 року. За час подорожі Чарльз Дарвін написав 770 сторінок нотаток і зібрав 1 529 видів, законсервованих у спирті, і 3 907 "сухих" видів. Маючи таку величезну базу матеріалів, роздуми натураліста над своїми знахідками могли тривати роками.

ВИЖИВАЄ НАЙСИЛЬНІШИЙ

Після повернення Чарльз Дарвін помітив, що став відомим. Його листи до Джона Хенслоу дійсно читали в наукових колах, що зробило його відомим вченим. Він одразу ж почав каталогізувати свої колекції і навіть довірив їх багатьом експертам, щоб отримати якомога більше інформації. У лютому 1837 року з'явилися перші результати, зокрема щодо галапагоських в'юрків: виявилося 13 різних видів в'юрків, але всі вони були дуже близькі між собою. Тим часом Чарльз Дарвін працював над своїми нотатками, які врешті-решт опублікував у 1839 році. Нарешті, з липня 1837 по липень 1839 року він написав свої перші книги про свою теорію походження видів.

Однак Дарвін залишався обережним, усвідомлюючи, що його ідеї були небезпечними для того часу. Тому, залишаючись непомітним, він оточив себе вченими, а також скотарями, садівниками і розплідниками для збору нових доказів. Його теорія тепер явно відрізнялася не тільки від креаціонізму, але і від трансформізму Ламарка. Так, він висунув гіпотезу, що трансформація виду є не контрольованим результатом бажання тварини вдосконалюватися, а скоріше пристосуванням до навколишнього середовища. Тому не жирафи витягували собі шиї від поїдання листя, розташованого на деревах, а саме жирафи з довшими шиями мали змогу мати більше їжі і таким чином виживали. Завдяки спостереженням і роздумам Чарльз Дарвін зрозумів, що саме цей відбір був наріжним каменем перетворення видів.

При цьому він зазначив, що селекціонери домашніх тварин можуть виявляти мінімальні відмінності між певними тваринами і штучно відбирати для розмноження найбільш придатних або найсильніших, таким чином поступово змінюючи вид. У природі такий відбір теж відбувається, але це природний відбір. Однак Дарвін ще не розумів, як цей відбір відбувається природним шляхом. Що було причиною? Продовжуючи свій аналіз, а особливо читання, він нарешті знайшов відповідь в *"Нарисі про принцип народонаселення"* Томаса Мальтуса (англійський економіст, 1766-1834), в якому представлена боротьба людини за виживання. Згадавши запеклу боротьбу, яку ведуть види в тропічному лісі, Чарльз Дарвін зрозумів, що знайшов причину природного відбору: боротьба за виживання. У ворожому середовищі, коли змінюються умови існування, виживають і розмножуються лише найбільш пристосовані, поступово трансформуючи вид. Натураліст тепер мав основу своєї теорії, але його тривога за революцію, яку він спровокує, постійно заважала написанню і виданню його книги.

ПОХОДЖЕННЯ ВИДІВ ШЛЯХОМ ПРИРОДНОГО ВІДБОРУ

Чарльз Дарвін постійно писав протягом наступних двадцяти років (1839-1859). Він писав роботи про атоли, вулканічні острови та зоологію зі своєї подорожі на кораблі "*Бігль*". У 1842 і 1844 роках він також написав два чернетки своєї теорії еволюції, але продовжував невтомно збирати докази, перш ніж думати про її публікацію. Тим часом, з 1846 по 1852 рік Дарвін присвятив вивченню балянусів (ракоподібних) з метою подальшого зміцнення своєї репутації, продовжуючи при цьому займатися своєю основною роботою.

З 1856 року Дарвін почав писати свою книгу і в березні 1858 року було завершено десять розділів, в тому числі і присвячений природному добору. Її фактична публікація все ж таки була прискорена зовнішнім елементом. Інший натураліст, Альфред Уоллес, надіслав Дарвіну свої роботи, які виявилися дуже схожими на його власні. Заохочений друзями, Дарвін представив зразок своєї роботи 1 липня 1858 року разом з есе Альфреда Уоллеса, але заявив, що працював над теорією з 1839 року. Хоча есе було сприйнято з найбільшою байдужістю, натураліст продовжував писати свою книгу. Нарешті, 24 листопада 1859 року він опублікував працю свого життя: "*Про походження видів шляхом природного відбору, або збереження сприятливих рас у боротьбі за життя*".

З'явилася абсолютно нова теорія еволюції. Згідно з Чарльзом Дарвіном, види не були незмінними, як це передбачає креаціонізм, а були результатом повільного процесу еволюції від спільного предка. Він стверджував, що ці зміни регулюються природним відбором. Для кожного виду зміни можуть відбуватися випадково. Вони можуть бути як позитивними, так і негативними, залежно від обставин (навколишнє середовище, клімат, їжа, маскування тощо). Після цього може діяти природний відбір. Якщо еволюція більш пристосована до поточних обставин, то ці особини мають більше шансів вижити і розмножитися, передавши таким чином свої специфічні риси нащадкам. Менш пристосовані приречені на зникнення. Таким чином, ця зміна є постійною. Вона не має ні напряму, ні мети, ні конкретного завдання, яке б мало тенденцію до більшого прогресу, а є просто результатом кращої адаптації.

РЕЛІГІЙНА ТА НАУКОВА ОПОЗИЦІЯ

Публікація "Походження *видів*" користувалася негайним успіхом, аж до того, що перший тираж у 1 250 примірників незабаром був вичерпаний. До 1872 року було випущено шість видань книги, з додатковою інформацією про переробки. Незважаючи на цей успіх, твір викликав багато суперечок. Оприлюднена газетою, у Британії розпочалася справжня публічна дискусія щодо натуралістичної книги між еволюціоністами та англіканською церквою, причому останню в науковому світі підтримували фіксисти.

Праця Чарльза Дарвіна дійсно викликала гнів Церкви, оскільки в ній замовчувалося або повністю заперечувалося існування Бога. Згідно з тогочасними уявленнями, все творіння було актом божественної волі, як вчить Біблія. Так само образ щедрої природи був повністю підірваний Чарльзом Дарвіном. Натомість, він представив її жорстокою, як місце, де природний відбір безжально віддає перевагу найбільш пристосованим. Науково довівши, що в основі походження видів та їхньої еволюції не було ніякого божественного втручання, Чарльз Дарвін поставив під сумнів поняття Бога, а відтак і саму віру. Але в той час Церква бачила себе гарантом соціального порядку. Принцип еволюції був ворожий навіть фіксистам, які щойно завершили непорушну класифікацію видів за системою Ліннея.

Нарешті, праця Чарльза Дарвіна свідомо оминає питання про людину та її походження. Автор сподівався уникнути неприємностей, але його мовчання швидко витлумачили, і, мабуть, справедливо, як бажання не робити різниці між людиною та іншими видами. Людина не стоїть над сутичкою, а підпорядковується, як і інші види, законам еволюції. Цей погляд незабаром був зведений до ідеї, що людина походить від мавп – чого Чарльз Дарвін ніколи не стверджував у своїй книзі.

Напади з обох боків врешті-решт призвели до великих дебатів, які відбулися в Оксфорді 30 червня 1860 року. Дарвін, який тоді хворів, не брав участі, але був представлений своїм другом Томасом Хакслі (британський фізіолог, 1825-1895), тоді як єпископ Оксфордський Семюел Вілберфорс (1805-1873) виступив від імені релігійної сторони. Дебати між цими двома чоловіками були жорстокими. Єпископ не посоромився запитати свого опонента, чи не походить він від мавп через свого діда. Томас Хакслі відповів: "Якщо тоді, сказав я, переді мною постане питання, чи хотів би я мати за діда жалюгідну мавпу або людину, високо обдаровану природою і наділену великими засобами впливу, але яка використовує ці здібності і цей вплив лише для того, щоб внести сміх у серйозну наукову дискусію, я без вагань підтверджую, що віддаю перевагу мавпі" (Continenza, 2004: 136). Наприкінці дебатів кожна сторона вважала, що вона здобула перемогу, і тому суперечки продовжувалися ще багато років. Проте ідеї Чарльза Дарвіна поширилися по всьому світу, і науковий прогрес врешті-решт довів його правоту.

Так само і церква врешті-решт відкинула будь-яке протиріччя між теорією еволюції і вірою, вважаючи тепер, що втручання Бога відбулося при народженні Всесвіту, якому він дав свої закони. Однак інші, більш фанатичні релігійні групи продовжують і сьогодні заперечувати теорію Чарльза Дарвіна, віддаючи перевагу буквальному прочитанню Біблії. Ці групи, які називаються креаціоністами, поширені в основному в США і Австралії.

ДАРВІНІЗМ І НЕОДАРВІНІЗМ

Залишаючись осторонь від дебатів, Чарльз Дарвін, тим не менш, продовжував свою роботу і наводив аргументи на підтримку своєї теорії, як тільки міг. Таким чином, він створив багато інших публікацій, які підтверджували його твердження або стосувалися різних тем. Усвідомлюючи, що він не може нескінченно уникати цієї теми, натураліст також торкнувся питання людини в роботі *"Походження людини і відбір по відношенню до статі"*, опублікованій в 1871 році, а наступного року – *"Вираження емоцій у людини і тварин"*. У цих двох книгах Чарльз Дарвін помістив людину серед ссавців, які, як і інші види, походять від спільного предка. Людина також підлягає еволюції. Однак натураліст бачив людину не продуктом природного відбору, а іншого фактору, а саме статевого відбору, який, хоч і менш суворий, але також проявлявся у інших видів. Найкрасивіші і найсильніші самці мали більше шансів розмножуватися і мати потомство.

Незважаючи на жорстку критику, Чарльз Дарвін мав і своїх захисників, особливо серед молодого покоління натуралістів, які вважали його роботу революційною в галузі науки. Так народився дарвінізм, який захищає теорію еволюції. В останні роки життя Ч. Дарвіна і після нього багато дослідників продовжували його справу. Питання про людину все ще залишалося дискусійним, що спонукало багатьох вчених шукати відсутню ланку, гіпотетично проводячи зв'язок між мавпою і людиною. У 1856 році в Німеччині були знайдені викопні рештки неандертальців. Прихильники теорії Дарвіна поспішили побачити в них більш ранній етап еволюції людини. Пізніше, у [20] столітті, інші скам'янілості також продемонструють еволюцію людини від *Homo erectus* до *Homo habilis*.

Тим часом, у 1865 році попередник генетики Грегор Мендель (1822-1884) відкрив закони спадковості та гени, що підсилило теорію еволюції, хоча Дарвін не знав про ці теорії. На початку [20] століття роботи Менделя були поставлені в один ряд з теорією еволюції, що дало початок неодарвінізму або "сучасному еволюційному синтезу". Доповнена генетикою, теорія Дарвіна стала неминучою і чудово пояснювала передачу варіацій від однієї особини до її нащадків. Генетика і відкриття дослідження ДНК також порушили дослідження еволюції людини. Вчені виявили, що людина є двоюрідним братом мавпи, а не її прямим нащадком. Пошуки відсутньої ланки зупинилися на користь найдавнішого предка, спільного для людини і мавп.

Хоча Чарльз Дарвін помер 19 квітня 1872 року, його новаторська книга і досі залишається одним з головних творів історії, глибоко позначившись на науці та філософських концепціях природи і видів, включаючи людину. "У той час як ця планета рухається по колу згідно з незмінним законом всесвітнього тяжіння, з такого простого початку розвинулися і розвиваються нескінченні форми, найпрекрасніші і найдивовижніші" (Дарвін 2008). (Дарвін, 2008).

РЕЗЮМЕ

- Чарльз Дарвін народився 12 лютого 1809 року в Англії. Бідний студент, він почав вчитися на лікаря і пастора, але без особливого інтересу до цього. Однак він захоплювався природничими науками і взявся за колекціонування рослин і комах.

- По закінченню навчання юнак отримав можливість взяти участь у кругосвітній експедиції на кораблі "*Бігль*" як натураліст. Прийнявши пропозицію, він розпочав свою подорож 27 грудня 1831 року. Ця подорож призвела до того, що Чарльз Дарвін став відомим натуралістом.

- У квітні 1832 року він відкрив для себе тропічний ліс і був шокований жорстокістю природи та боротьбою між різними видами за виживання. Це бачення було далеким від ідеї щедрої природи, створеної за божественною волею. Цей досвід назавжди змінив мислення Дарвіна.

- "*Бігль*" досяг Вогняної Землі в грудні 1832 року. Вивчаючи племена Вогняної Землі, Дарвін побачив, що його уявлення про походження людини повністю зруйновані. Він розглядав людину не як істоту, що стоїть окремо від інших тварин і над ними, а як такого ж ссавця, як і всі інші.

- У вересні 1835 року експедиція досягла Галапагоських островів. На цьому архіпелазі молодий натураліст мав можливість милуватися свідченнями видоутворення і зміни видів завдяки зябликам, яких він виявив не менше 13 різних видів, що розрізняються за розміром дзьоба.

- Повернувшись до Англії у 1836 році, Чарльз Дарвін одразу ж почав аналізувати свої записи і каталогізувати свою колекцію, навіть довіривши деякі колекції кільком фахівцям, щоб зібрати якомога більше інформації. До 1839 року він писав книги про свою теорію еволюції.

- Зібравши якомога більше доказів, Дарвін оточив себе багатьма фахівцями і продовжив свої дослідження. Зрештою, він заклав основу своєї теорії, визначивши природний відбір як пусковий механізм еволюції, а боротьбу за виживання – як її рушійну силу. Однак, занепокоєний впливом, який може спричинити такий зрив, Чарльз Дарвін витратив двадцять років на написання своєї книги.

- Написавши кілька чернеток у 1842 і 1844 роках і, нарешті, почавши фактично писати її в 1856 році, Чарльз Дарвін був поспіхом підштовхнутий до завершення публікації своєї роботи. Інший натураліст, Альфред Уоллес, досяг такого ж результату, як і він, і існував ризик, що він опублікує свою теорію першим.

- 24 листопада 1859 року нова теорія еволюції була опублікована під назвою *"Про походження видів шляхом природного відбору"*. Книга мала такий успіх, що до 1866 року перевидавалася шість разів.

- Книга Чарльза Дарвіна одразу ж викликала полеміку, особливо серед представників Церкви. Проте натураліст продовжив свою роботу і вирішив питання походження людини та її еволюції, назавжди зруйнувавши філософські уявлення свого часу.

- Чарльз Дарвін помер 19 квітня 1872 року.

ДІЗНАТИСЯ БІЛЬШЕ

БІБЛІОГРАФІЯ

Боулбі, Дж. (1992) *Чарльз Дарвін: Нове життя*. Нью-Йорк: W.W. Norton & Company.

Броссе, Ж. (1999) *Les tours du monde des explorateurs. Les grands voyages maritimes, 17641843*. Paris: Bordas.

Континенца, Б. (2004) *Дарвін, дерево життя*. Paris: Pour la Science.

Дарвін, Ч. (2002) *Автобіографії*. Лондон: Penguin.

Дарвін, Ч. (2008) *Про походження видів*. Оксфорд: Oxford World's Classics.

Histoire universelle : le XIXe siècle en Europe et en Amérique du Nord (2007) *Création de l'Empire britannique*. Paris: Hachette.

Histoire universelle : le XIXe siècle en Europe et en Amérique du Nord (2007) *La science romantique*. Paris: Hachette.

Histoire universelle : le XIXe siècle en Europe et en Amérique du Nord (2007) *Positivisme et science expérimentale*. Paris: Hachette.

Райс, Т. (1999) *Вояжі: три століття натуралістичних досліджень*. Neuchâtel: Delachaux і Niestlé.

Торт, П. (1997) *Дарвін і дарвінізм*. Paris: Presses Universitaires de France.

ДОДАТКОВІ ДЖЕРЕЛА

Десмонд, А. Мур, Д.А. (1992) *Дарвін*. Нью-Йорк: W.W. Norton & Company.

Русе, М. (2008) *Чарльз Дарвін*. Оксфорд: Блеквелл.

Русе, М. (ред.) (2013) *Кембриджська енциклопедія Дарвіна та еволюційної думки*. Кембридж: Cambridge University Press.

Русе, М. та Річардс, Р.Д. (2016) *Дебати про Дарвіна*. Чикаго: Видавництво Чиказького університету.

Страгер, Х. (2016) Скромний *геній: історія життя Дарвіна і як його ідеї змінили все*. Незалежна видавнича платформа CreateSpace.

ІКОНОГРАФІЧНІ ДЖЕРЕЛА

Вольтова паля, зображення з книги Луїзи Маргат-Л'Юйє "*Уроки фізики*". Париж: Vuibert et Nony, 1904. Копірайт вільно розповсюджуваної репродукції.

Карл Лінней, гравюра з книги Сари К. Болтон "*Відомі люди науки*". Нью-Йорк: T. Y. Crowell & Co., 1889. Репродукція картини без авторських прав.

Чарльз Дарвін у віці 7 років, автор Еллен Шарплз, 1816 рік. Королівська репродукція картини.

Альфред Рассел Уоллес, 1908 рік. Роялті-фри репродукція картини.

Le HMS Beagle у Вогняній Землі" Конрада Мартенса. Ця картина була написана під час подорожі "Бігла" (1831-1836). Репродукція картини без роялті.

Зяблики Дарвіна, 1845 рік. © Джон Гулд.

ХУДОЖНІ ТА ДОКУМЕНТАЛЬНІ ФІЛЬМИ

Дарвін і наука про еволюцію. (2003) [Документальний фільм]. Валері Вінклер. Режисер. Франція: Arte France, Trans Europe Film, CNRS Images.

Чарльз Дарвін і дерево життя. (2009) [Документальний фільм]. Девід Аттенборо. Письмо. ВЕЛИКА БРИТАНІЯ: Британська телерадіомовна корпорація, Відкритий університет.

Творення. (2009) [Фільм]. Джон Еміель. Режисер. Великобританія: Recorded Picture Company.

Велика подорож Чарльза Дарвіна. (2009) [Документальний фільм]. Ганнес Шулер та Катаріна фон Флотов. Реж. Франція: Les Films du Paradoxe.

МУЗЕЇ ТА ПАМ'ЯТНІ ЗНАКИ

Даун-хаус, будинок Чарльза Дарвіна, Даун, графство Кент (Велика Британія).

Пам'ятник Чарльзу Дарвіну, м. Шрусбері (Велика Британія).

Музей природничої історії, м. Лондон (Сполучене Королівство).

Статуя Чарльза Дарвіна в Музеї природничої історії в Лондоні (Велика Британія).

Ми хочемо почути вас!
Залишайте коментарі в онлайн-бібліотеці
та діліться улюбленими книгами в соціальних мережах!

Видавець забезпечує достовірність опублікованої інформації,
за яку, однак, не несе відповідальності.

Майстер ISBN: 9782808601269
Паперовий ISBN: 9782808602716
Юридичний депозит: D/2022/12603/272

Цифровий дизайн: Primento,
цифровий партнер видавництва.